오늘의문학 특선시조집 094

바람개비

김장수 시조집

오늘의문학사

바람개비

| 책머리에 |

사람이 태어나 살아가면서 자기 의지대로 살아가는 사람은 얼마나 될까?

5남매를 낳아 키우신 어머니는 가난과 자식들 뒷바라지로 멍든 마음과 몸을 이겨내지 못하고 오랜 세월을 기억 저 편에서 머무셨다.

요양병원에서 4년 여 머무시는 동안 퇴근 후 병원으로 가는 봉황천 둑길은 짧아진 가을 해를 안타까워하듯 코스모스가 바람에 한들거리고, 바람개비는 바람 따라 돌아가고 있었다. 제 의지와 무관하게 바람이 부는 대로 돌다가 멈추었다를 반복하며 제 자리를 지키고 있는 바람개비. 어쩌면 나도 저 바람개비처럼 살아온 것은 아닐까 하는 생각에 살아온 지난날들을 뒤돌아보며 남은 날들은 바람개비가 아닌 능동적인 삶을 살아야겠다는 생각을 해보지만 여전히 바람개비가 되어 다시 뜨는 해를 기다리고 있다.

바람개비로 살아갈 수 있음도 행복한 것이라 자위하며 서산 뒤편으로 지는 해를 바라보며 넋두리를 반복하고 있다. 내일도 오늘처럼 무탈한 날이기를 바라며.

| 목차 |

책 머리에 • 5

1부 친구야!

좌불 • 13
세월호 • 14
낙화 • 16
통곡 • 17
고독 • 18
친구야! • 19
파도 • 20
달력 한 장 • 21
임아, 그 강을 건너지 마오 • 22
선상 무도회 • 23
파도 II • 24
파도III • 25
그리움 • 26
눈꽃 • 27
눈꽃 II • 28
이별 • 29

2부 우물 안 개구리

봄 • 33
연어 • 34
애원 • 35
바람개비 • 36
구직 • 37
동침 • 38
우물 안 개구리 • 40
利民 利國의 숲이여 • 42
미련 • 43
노트북 • 44
이메일 • 45
KTX 열차 • 46
비둘기 • 47
산행 • 48
임의 마음 꽃으로 피어 • 49
창공을 나는 새여 • 50

3부 꽃 섬 가는 길

벚꽃 • 53
조팝꽃 • 54
천년의 숲 소나무 • 55
유월 공주휴게소 • 56
강경 젓갈시장 • 57
목척교에서 • 58
수안보 • 59
차이나타운 • 60
서해안 단상 • 61
꽃 섬 가는 길 • 62
사도 메꽃 • 63
오월 • 64
배꽃 • 65
비행기 • 66
가을비 • 67
상사화 • 68
봉숭아 꽃 • 69

4부 자갈치 시장

강경포구 • 73
전등사에서 • 74
마니산을 오르며 • 75
문경새재길 • 76
외돌개 • 77
인천자유공원 • 78
태백산 천제단 • 79
감은사지 삼층 석탑 • 80
자갈치 시장 • 81
연대도 출렁다리 • 82
백야도 선착장에서 • 83
막산 전망대에서 • 84
삶의 터 흔적도 없이 • 85
교동도 대룡시장 • 86
제적봉 평화전망대 • 87
사도 • 88
토도 얼굴바위 • 89
을지전망대에서 • 90
제 4 땅굴 • 92
펀치 볼(Punch Bowl) • 93

5부 산을 넘고 강을 건너

보봉호 • 97
십리화랑 세 자매 봉 • 98
무상 • 99
미혼대에서 • 100
장가계 대협곡 • 101
황룡동굴 • 102
천구전 • 103
정해신침 • 104
귀곡잔도 • 105
하늘 문 • 106
왓트마이에서 • 107
톤레샵 호수에서 • 108
프놈바켕 • 110
앙코르 톰 유적군에서 • 111
통곡의 방에서 • 112
앙코르 왓 사원 • 113
자존심 • 114

1부
친구야!

좌불

세속을 벗어나도
이어진 허욕의 늪

비우려 눈 감아도
되밀려 아른대고

두 무릎
모은 자리엔
초점 잃은 눈동자.

가슴 속 활짝 열고
털고 또 털어내면

마음 속 이는 꿈이
나비가 되어 난다

봄 하늘
가득한 안개
나비되어 같이 난다.

세월호

욕심에 눈이 멀면
보여도 아니 보여

다른 배 숨죽이고
욕심을 비웠는데

끝없이 넘치는 욕심 수백 인명 앗았구나.

그렇지 그렇구나
이름도 잘 져야 해

머물 수 없는 것이
세월인 줄 알면서

살같이 가는 세월이 뭐가 그리 좋다고.

옆 나라 퇴물 선적
싸면 얼마 싸다고

18년 지난 배를

서해바다 띄웠더냐?

독도가 제 땅이라고 눈만 뜨면 우기는데.

낙화

환하게 웃고 싶어
웃는 게 아니라오

이 세상 또 한 편에 발자취 남기려니

겉과 속
다를지라도
미소 짓는 거라오.

피지도 못하고서
시들은 숱한 저 꽃

벌, 나비 찾기 전에 짧은 생 마감하니

하늘도
가슴이 아파
피눈물만 흘린다오.

통곡

허공에 나를 묻고
목쉬도록 우네 우네

운다고 지난 일들
되돌릴 수 없건만

눈물로
씻은 가슴은
멍이라도 고울까.

몸에 난 상처들은
세월 가면 아물어도

가슴 속 상처 가득
멍에로 다시 살아

웃음도
눈물이 되어
가는 발길 세우네.

고독

문형산 골짜기에 모래 숲 숨을 쉰다
베고 누운 유리창 밖 산 능선 밤 가르고
어둠은 그 사이에서 꾸벅이며 꿈을 꾼다.

산 찾던 사람들의 발소리만 남은 밤
제각각 의미 다른 가락으로 다가오고
고요는 나를 가두고 곁눈질만 하고 있다.

주인을 알 수 없는 야릇한 산새 울음
슬픈 사연 무엇이어 이 밤 그리 슬피 우나
울어서 될 일 아니면 이제 그만 자거라.

밤비도 내 맘 알아 유리창 두드리기
반가워 창문 여니 문 닫고 들으란다
온 세상 들은 이야기 밤새 끝이 없다며.

* 문형산 : 경기도 광주시 오포읍에 있는 해발 487m의 산

친구야!

그렇지 그렇구나 자네의 젊음 흔적
꿈 가득 꾸던 시절 먼 옛날 되었어도
잔잔한 너의 미소가 교정 가득 머무는데.

야구장 담 넘어가 외야석 구석 앉아
함성에 우릴 묻고 여름 밤 지샜건만
무엇이 그리 급하여 황급하게 갔다더냐?

시골의 홀어머니 자네 모습 보고 싶어
흐르는 당신 눈물 멈추지 못하다가
정신이 아득한 날에 자네 쉼터 찾으셨지.

친구야, 남긴 자녀 찾아가 보고파도
나 또한 눈물샘이 마르지 않을까 봐
멀리서 들리는 소리 그 소리에 귀 연다네.

* 건국대에서(2014. 8. 19.)

파도

살바람 등 밀리어
섬 사이 돌고 돌아

별빛에 몸 씻고서
뭍 그리는 애달픔이

새하얀 속살로 남아 열병으로 앓는다.

밤이슬 가득 담아
쪽빛 옷 갈아입고

갈매기 날갯짓에
흐려지는 꿈을 모아

흩어진 모래 알갱이 정성스레 다진다.

* 대천해수욕장에서

달력 한 장

물밀듯 가로막던
지나간 저 세월들

동짓달 긴긴 밤을
널 보며 지내다가

세월이
지난 후에야
엮어내는 섣달 꿈.

임아, 그 강을 건너지 마오

열네 살 어린 나이 아저씨 품에 안겨
살 붙여 함께 산 날 칠십육 년 긴긴 세월
아들 딸 낳아 기르며 흘린 눈물 얼마던가.

보듬고 안아주고 버팀목 되어주며
웃으며 맞은 세월 비끼지 못한 풍랑
따뜻이 안아주어도 찬바람만 맴돌아.

겨우내 얼었던 땅 살며시 밀어내며
가녀린 새싹 돋아 울창한 숲 이뤄도
노을을 머리에 이고 하루해도 짧은 날.

건너기 싫다 해도 건너야만 하는 저 강
손잡고 함께 갈 길 아닌 줄 알면서도
인생길 술래잡기에 오늘 해도 저문다.

선상 무도회

바다 위 떠 있는 섬
외로움 다 잊었다

온 가슴 쌓였던 한
그리도 많았던지

흔드는
요란한 몸짓
잠든 영혼 깨운다.

모여든 삼삼오오
낯익은 친구인 양

부딪고 떠밀치고
고성도 마다않네

을미년
찾은 태양이
놀래 눈을 감는다.

파도 II

새하얀 파도 위에
널어둔 그리움이

부서져
떠밀리다
되밀려 꿈을 쌓고

잊혀진 세월을 불러 초상화를 그린다.

파도 Ⅲ

먹먹한 가슴일랑
활짝 열어 씻어내라

쌓였던 지난 회한
모두 다 털어내라

얼었던 차가운 세월 모두 잊고 가거라.

꿈같이 흐른 세월
되찾아 갈 수 없어

달려온 물줄기를
어르고 달래어도

바람은 아랑곳 않고 제 갈 길을 찾는다.

* 목포발 제주행 씨스타크루즈 호에서

그리움

겨울 밤 이른 새벽
삶의 무게 짓눌러도

꿈길도 편치 못해
오르는 처진 눈썹

그리움
주마등 되어 수은주를 달군다.

눈꽃

한민족 오랜 염원
꿈 되어 세상 연다

밤새 앓은 산통
한 떨기 꽃이 되어

다가선
분홍빛 봄을
은백으로 재운다.

눈꽃 II

가득한 꽃 사이로
함박눈 흩날린다

잊고픈 사연들이
가슴에 남았는지

흐르는
땀방울 속에
계절 모두 녹인 채.

이별

뒤돌아 행여 볼까 눈 살짝 들어봐도
미련이 없음인지 미련 두지 않음인지
마음이 향한 곳으로 발길 따라 갑니다.

어차피 떠나는 님 고운 웃음 보이려고
슬픈 마음 주워 담고 입 벌려 벙긋대도
입 따로 마음도 따로 제멋대로 갑니다.

앞날이 열려 있어 어려움 없을 텐데
가는 길 불편하여 행여나 부르틀까
맘 조려 길을 치우고 다시 치워 봅니다.

떠나는 뒷머리가 예쁘다 하였지만
봄 오는 길목에서 햇살이 너울대도
보내는 가슴속에는 찬바람만 붑니다.

바람개비

김장수 시조집

2부
우물 안 개구리

봄

하늘이 하 흐려도
봄이라서 훤합니다

시샘해 흔들어도 꽃 가득한 들입니다

마음도 꽃이 되어서
밤낮으로 설렙니다.

올려다 본 하늘에도
작은 못 수면 위도

춤추는 꽃을 따라 벌 나비도 춤춥니다

내 마음 벌 나비 되어
꽃 위에서 쉽니다.

연어

비바람 모진 파도
헤치며 다시 찾은

고향은 예 같으나
옛 모습 간 곳 없네

풍파에
그을린 상처
하얀 물살 가르는데.

본능이 뭣이더냐
무자식 상팔잔 걸

고향에 뼈 묻은 들
이승 길 편할 손가

오늘을
즐겁게 살면
그게 바로 천국이지.

애원

살고파 살리고파 희망을 움켜쥔다
보이는 모든 것이 신이길 기대하며
매달려 애원을 한다 일어서게 해달라고.

내 이리 쓰러질 줄 사전에 알았다면
스치는 인연에도 감사함 전할 것을
이제 와 후회를 한들 지나버린 과거사.

오전에 한 차례 이른 밤 또 한 차례
잠깐의 만남여도 그게 인연 끈인 것을
가슴이 에이는 아픔 덜어낼 곳 어디던가.

하느님 계신가요? 정말로 계신가요?
정말로 계시다면 그들 소원 들어 주소
어차피 돌아갈 건데 원할 때에 가게 하소.

* 중환자실에서

바람개비

찬바람 마주 안고 돌고 또 돌아간다
느리면 느린 대로 거세면 거센 대로
자그만 불평도 없이 바람 따라 돌아간다.

떠밀린 세월만큼 깊이 패인 주름살에
못 다한 지난 얘기 가득히 담아두고
비우면 마음 편할까 작은 소망 키운다.

꿈꾸며 꿈길로 가 잊혀진 세상처럼
망각의 긴 터널을 되돌아 달려간다
흘러간 지난 세월이 엄니 곁에 머문다.

* 봉황천에서

구직

바람둥이 친구 녀석
퇴직 후 뭐 할 거냐며

리어카 하나 구해
폐지나 모으라기

사귀다 헤어진 여자 내가 모을 거랬다.

티비에 소개되는
귀농인 삶을 보고

집사람 시골에서
채소농사 짓겠단다

농사는 아무나 하는 직업인 줄 아는지.

동침

일곱 빛깔 무지개 위
나비가 춤을 춘다

시들어 지던 꽃잎
하늘 향해 팔 벌리고

여름 밤
꿈을 깨우는
부드러운 빗소리.

베토벤, 슈베르트
현 위에서 일어서고

영혼은 새가 되어
창공을 높이 난다

멎고픈
심장 박동을
다시 뛰라 외치며.

* 정경화의 바이올린 연주를 들으며
 슈베르트 바이올린 소나타 4번 D. 754 Op. 162
 프로코피에프 바이올린과 피아노를 위한 소나타 1번. 1악장
 베토벤 바이올린 소나타 9번 "크로이체"를 듣다

우물 안 개구리

돋보기 너머 세상
좁은 곳 큰 세상 돼

가시연 노란 꽃이 하늘 되고 물이 되고

꿈꾸다 잊혀진 세월
망각의 골 깊어라.

물 반 올챙이 반
식성마저 바뀐 세상

굶주림 앞에서는 부모형제 안 가리고

힘센 놈 판치는 세상
세상 밖과 같아라.

빼곡한 연 줄기 새
볼록 눈 굴리면서

잎 뜯다 물마시다 하늘 보며 헤엄치다

지나온 질곡의 세월
돌이키기 싫어라.

利民 利國의 숲이여

정치의 본 목적이 백성 삶 향상임을
옛 성현 잊지 않고 팔 걷고 나선 슬기
그 지혜 함양고을에 별이 되어 빛나고.

인공 숲 사이사이 흐르는 실개천 물
늦은 봄 갈수기에 마르지 아니하고
한 여름 장마철에도 고요하게 흘러라.

가야산 숲속에서 꿈꾸던 수십 수종
천년의 세월 건너 바람도 잠재우고
폭우에 넘치던 내를 고요 속에 재우네.

바람도 쉬어가고 구름도 쉬는 숲 위
해묵은 물레방아 세월을 돌리는가
젊음을 불태운 자리 옛 시절이 그립다.

* 함양 상림에서

미련

떠나자
떠나야지
벼르고 나선 발길

하늘로 솟구치니 두고 온 집 그리워

돌아와
다시 찾아도
변함없는 집인데.

비우자
비워야지
단단히 작심하고

훌훌히 떠난 가슴 뭉게구름 안에 갇혀

말끔히
비워지려나
일렁이는 조바심.

노트북

가슴에 이는 물결
살며시 담아다가

흩어져 떠나기 전
한 곳에 모아두고

눈물로 얼룩진 상념 풍경화를 그린다.

지구촌 너른 동네
손바닥 안에 있다

조금 전 일어난 일
실시간 울다 웃고

지워진 기억 속으로 뭉게구름 떠간다.

이메일

미쳤지!
정신 나간 사람의 미친 짓에

연필도 필요 없고 종이도 필요 없고

키보드 찾아 누르고
클릭하면 배달 끝.

인정이 메마르니
쓰는 것도 귀찮다고

우표도 필요 없고 봉투도 필요 없고

살기가 힘든 세상에
이리 고마울 수가.

KTX 열차

서둘러 달려가도
언제나 열병 앓고

빠르다 자랑해도
지는 해 같은 시각

인생사
그리 같으면
허무함만 더 커라.

비둘기

대전역 지하상가
이른 아침 비둘기 둘

돌아갈 길 잊은 채
앞서거니 뒤서거니

굶주려
장사 없다고
목구멍이 포도청.

산행

태양도 잠을 자는 이른 새벽 영하 아침
눈 가득 쌓인 길을 전등 빛에 의지하고
발자국 가득한 곳에 마냥 발을 딛는다.

내딛어 이어진 길 세상에 가득해도
가야 할 길은 하나 꿈 가득 춤추는 곳
그 꿈이 꿈이 되어도 꿈이기에 희망 이는.

오르고 땀 흘리고 다리에 경련 일어도
아픔과 세상 번뇌 잊을 수 있다기에
눈보라 얼굴 에어도 웃음 이는 얼굴이여.

정상이 산 위 있어 산 위로 올라간다
올라도 보이는 건 정상일 뿐이지만
올랐단 기쁨 하나로 그저 오른 산 정상.

* 겨울 한라산을 오르며

임의 마음 꽃으로 피어

뭉게구름 가득히 뜬 가을 내려앉은 날
모여든 여린 꿈들 꽃으로 피어올라
단풍잎보다 더 고운 가을꽃이 되었대요.

만국기 새가 되어 하늘을 곱게 날고
작은 꿈 덩달아서 커다란 연이 되어
푸르른 가을 하늘을 거침없이 날았대요.

밤마다 잠 못 드는 아이 옆 길게 누워
뜬 눈으로 지새우는 긴긴 밤 잠시 잊고
옛 시절 되돌린 시간 임이 계셔 좋았대요.

바쁘심 뒤로 하고 산골짝 찾으셔서
아이들, 부모님들 웃음으로 격려하심
하늘도 이를 반기어 푸른 하늘 주셨대요.

상곡초 어린이들 상곡초 교직원들
가슴에 가득 고인 고맙고 감사한 맘
세월이 많이 흘러도 고이 간직하겠대요.

창공을 나는 새여

콩 서리 무서리로 허기진 배 달래도
이십 리 귀가 길은 왜 그리 멀었던지
날고픈 하늘이 높아 꿈에서도 날던 세월.

유학 간 친구 따라 꾸던 꿈 농촌 계몽
상친회 고귀한 꿈 오늘도 기둥 되어
고고한 선비의 자세 흐트러짐 없어라.

아우로 자식으로 사랑담아 돌본 세월
그 사랑 못 잊어서 틈나면 찾는 제자
사십 년 교직생활이 금자탑이 되었구료.

하루도 쉬지 않고 날마다 적은 일기
그 기록 생생하여 세월이 멈추었네
옛 시절 거울에 가득 늘 푸르른 젊음이여.

이몽룡 성춘향의 애절한 사랑 얘기
그 보다 멋진 사랑 이 말고 또 있을까
읽고 또 다시 읽어도 가슴 시린 사랑가여.

명예 권세 부귀영화 스치는 바람으로
강 건너 불을 보듯 초연히 달린 세월
그 인고 무지개 되어 수정처럼 빛나리.

* 길○○ 선배님의 회고록 출간을 축하하며

3부
꽃 섬 가는 길

벚꽃

출생의 비밀일랑 알려고 하지 마라
태어나 친자확인 하고서 살았던가?
이 땅이 그저 좋아서 살아가는 것이니.

향기가 없다한들 뭐 그리 대단한가?
벌 나비 안 찾아도 찾는 이 발길 따라
연분홍 화사한 빛깔 마음속에 가득한 걸.

봄볕에 달아오른 새색시 얼굴인 양
수줍은 미소 가득 구름 위 얹어두고
가슴 속 뜨겁게 이는 몸살 앓는 젊음을.

가지 끝 머문 바람 춘심을 불사르고
호수면 이는 윤슬 석양에 춤을 추니
처음 본 아낙네에게 눈길 떼지 못하네.

조팝꽃

뉘 눈에 밉보여서
그리도 못났더냐

하나씩 뜯어보면 볼품없는 꽃이어도

치마 끝
맴돌다 쉬는
감미로운 네 향기.

천년의 숲 소나무

지나간 아픈 기억
이제는 잊으려고

키재기 하던 노송
묵상을 하고 있다

V자형 옛 상처 안에 보형물을 넣고서.

잊고픈 아픔 모여
눈물로 얼룩지고

칠십여 년 버틴 목숨
쓴 웃음 이는 세월

운다네 웃고 있다네 끓는 속도 모르고.

* 천년의 숲 : 아산 봉곡사 주차장에서 봉곡사에 이르는 소나무 숲길

유월 공주휴게소

세상의 남정네들
숲 속에 몸 가리고

참았던 욕정들을 하늘로 내던진다

홀로 된 여인네 가슴
애끓는 줄 모르고.

강경 젓갈시장

서해에 모였던 물
거꾸로 다시 흘러

강경들 한쪽 어귀
철옹성 쌓은 언덕

곰삭은
바다향기로
가을하늘 달랜다.

목척교에서

교각 아래 흐르는 물
하늘 닮기 힘들어도

대전천 월척 잉어
새 둥지 힘에 벅차

유유히 유영을 하며 오월 하늘 즐기더니.

가뭄에 단비 내려
세상이 꿈틀댄다

수면에 이는 물결
현기증 돋았는지

이삿짐 풀기도 전에 새 삶터를 찾았는가.

수안보

참았던 욕망들이
세월 잊고 솟아올라

한겨울 얼은 땅을
온기로 감싼 골짝

세파에
지친 영혼이
꿈 달랜다 꿈꾸며.

차이나타운

등 돌려 떠난 발길
등 돌려 찾은 발길

얽히고설킨 거리
옛 추억 아득해도

뿌리는 뿌리로 남아 붉은 깃발 그립다.

생존을 위한 변신
어쩔 수 없는 선택

변절의 낙인이야
미소 뒤 숨기어도

되돌아 갈 수 없는 길 자장 향이 서럽다.

서해안 단상

부푼 꿈 가득 안고 찾아 나선 선조 흔적
독립 꿈 만해 생가 불심에 젖은 자리
백야의 말발굽 소리 지금까지 힘차다.

원효대사 구국 충정 간월암에 가득한데
뜻 모르는 찬바람은 파도만 철썩이네
스님의 독경소리는 안중에도 없다는 듯.

왼손에 군 굴 하나 오른 손에 소주 한 잔
갈매기 벗 삼아서 맺힌 가슴 달래려니
파도에 흔들리는 배 너마저도 한 달래나.

구국 혼 마음 담고 서해안 밟는 발길
간월암 남당항구 오천항 우뚝 서니
주인을 찾아서 우는 휴대폰의 벨소리.

꽃 섬 가는 길

삼월을
꽃이 피는 계절이라
뉘 말했나?

오월도 꽃이 피는
다도해 너른 바다

가슴을
활짝 재치니
다도해가 꽃밭인걸.

개도를 뒤로 두고
달리는 배 꽁무니

흰 물결 부서지며
옛 추억 멀리 가고

그리움
하얀 꽃 되어
하화도가 여길세.

사도 메꽃

지나는 여객선 위
목소리 듣고 싶나

바람에 밀려오는
파도소리 그리운가

커다란 귀 곧추세우고 궁금증을 달랜다.

섬 찾는 사람들과
이야기 하고 싶나

불어온 바람에게
하소연 하고 싶나

동그란 입 활짝 벌리고 발길 따라 웃는다.

오월

가득한 원성만큼 푸르른 저 하늘 빛
세월은 미련 없이 뒤돌아보지 않고
강물도 저 바닷물도 하늘 가득 이고 있네.

아카시 꽃 주머니 향기로 채워 두고
기다림 눈물 되어 하늘을 적시는데
원망은 한숨이 되어 꽃잎으로 태어나네.

세월아 비켜서라 아픔을 덜어내게
얼룩진 세상인심 순백으로 치환해도
멍에는 아픔이 되어 가슴 끝에 머무네.

배꽃

세상이 시끄럽다 뼛속까지 염색하고
민낯이 부끄럽다 손사래 치고 있다
꿀벌들 바쁜 날갯짓 봄 하늘이 열린 채.

비행기

철 조각
플라스틱
생명 없는 조각이여도

날고픈
꿈이 모여
한 마리 새가 되다

낯설은
세상을 향한 영혼들을 재우려.

가을비

구름도
쉬고 싶어 가던 길 멈추었나

가슴 속 붉은 신열
산천에 털어내고

잊었던
고향 찾아서
기도하는 옥구슬.

상사화

가을바람 따라서
덩달아 바람났다

만나면 짐이 될까
옷장에 넣었던 옷

꺼내어 입을 틈 없어 알몸으로 나왔다.

기다려 기다리다
맘과 몸 모두 지쳐

그리운 님을 찾아
맨발로 뛰어나와

끝 더위 타는 열기에 목 늘이고 헤맨다.

봉숭아 꽃

만지지 말아다오
이대로 있고 싶소

지금껏 참았는데
유혹을 하지 마소

세월에 맡긴 청춘을 그냥 있게 해주소.

병들고 주름지면
떠나갈 청춘인데

서둘러 길 떠난들
반길 이 그 누구랴

세월에 노구 맡긴들 큰 짐이야 되겠소?

바람개비

김장수 시조집

4부
자갈치 시장

강경포구

금강 물 굽이치다
옥녀봉에 방향 잃고

바닷물 되밀리어
모래성 쌓은 자리

그 옛날
황포돛단배
시린 꿈만 잠들어.

사공의 빛바랜 꿈
갈대밭 물들이고

허리띠 졸라맸던
그날 염원 가득한데

새우젓
비린 향기는
강물 위를 떠돌아.

전등사에서

전생에 맺은 인연 훌훌 털지 못해
이승의 세상살이 얽히고 설키는가
가을비 오는 소리에 풍경마저 잠들고.

비 젖은 낙엽들은 여기가 고향인가
한 치도 미동 않고 가을을 얼싸안네
세월도 낙엽 따라서 잠시 쉬다 가지 않고.

老松도 마음 씻고 독경하는 이른 아침
어둠을 깨우려는 자판기 밝은 불빛
세상을 여는 소리가 고요 속에 잠긴다.

전등사 너른 경내 고운 님 미소 가득
내려앉은 가을에 나 또한 가을 되어
혼탁한 몸과 마음을 잠시 벗어나고파.

마니산을 오르며

마늘로 백일 견뎌 인간될 수 있다면
물 마셔 백일이면 곰으로 환생할까
참성단 기를 모아서 소원성취 비는 맘.

이마에 흐르는 땀 스치는 바람결에
단군왕검 환한 미소 벙긋이 다가오고
생기 처 기가 아녀도 불끈 솟는 중지여.

가을이 아니어도 가을 같은 산허리에
비구름 다시 불러 그 날을 그리는가?
잠기운 강화바다 위 그리움만 머문다.

이 보소 세상사람 여기 선 나를 보소
산 아래 내려서면 비운 욕심 다시 차서
부처된 내 지금 얼굴 행여 다시 범인 될라.

문경새재길

반가운 급제 소식 듣고파 넘던 고개
긴 세월 지났어도 산새 소리 여전한데
조곡교 다리 아래엔 떨고 있는 산허리.

개나리 봇짐 안에 희망 가득 넣어두고
두고 온 처자식의 얼굴만 떠올리며
짚세기 닳고 달아도 즐겨 넘던 고갯길.

붓, 벼루 줄어들 듯 모서리 닳은 돌들
마르지 않는 내를 사시사철 원망하며
조령산 향하는 구름 밀려오는 슬픔들.

되돌아가는 발길 꿈같은 지난 세월
사랑채 쌓인 글귀 고갯길 가득한데
세월은 덧없이 흘러 널브러진 사연들.

외돌개

새 희망 꿈꾸다가
멈춰선 옛 자리에

잊고픈 기억들이
영롱한 이슬로 남아

외로움
달래고 있나
그리움을 묻는가?

인천자유공원

인천항 푸른 물도 붉게 물든 동족상잔
그날의 아픈 기억 파도도 잊지 못해
저녁놀 붉은 그림자 바다 위에 누웠다.

파란 눈 굽어보며 밀물에 눈을 감고
그 날의 포성소리 들리는 듯 마는 듯
게으른 비둘기만이 떠날 줄을 모른다.

태백산 천제단

동해로 불던 바람 놀래어 멈춰 섰다
내린 눈 하얀 빛에 하늘도 순백 되고
오천 년 이어온 뿌리 동해 파도 달랜다.

검은 비 한 가운데 한배검 주홍 글씨
무거운 세월 이고 짊어진 백두대간
찾는 꿈 헛되지 않게 추위 안고 빌고 있다.

떨치고 싶은 미련 재우고 싶은 욕망
차마 말 못하고 속 끓여 검게 익은
그대 속 왜 모르랴만 오늘 따라 더 춥다.

감은사지 삼층 석탑

북으로 풍경소리
동으로 파도소리

주지승 새벽 기도
잿밥에 관심 컸나

천 년 전
목탁 소리만
석탑 위에 맴돈다.

자갈치 시장

허기진 목숨들이
목맬 곳 찾지 못해

비린내 삼키면서 쏟았던 눈물 흔적

갈매기
날개 위에서
순백으로 빛나고.

과거를 잊지 못해
들려진 영도대교

되돌아 바라보다 눈길 멈춘 꼼장어 집

혀끝이
요동을 친다
지친 발길 무겁게.

연대도 출렁다리

바람에 떠밀리어 헤어져 살은 세월
풍랑에 멀어질까 밧줄로 묶어두고
갈매기 나는 소리에 몸살 앓는 작은 섬.

백야도 선착장에서

백야도 연육교에
춘심을 올려두고

봄 하늘 푸르름에
외로움 달래는데

멀리서 빙그레 웃는 감미로운 얼굴이여.

승용차, 관광버스
뒤섞인 선착장 길

검은콩 갈아 만든
흑두부 향미 가득

여천 산 막걸리 향에 갈매기도 취한다.

막산 전망대에서

상화도 머리 이니
하늘이 내려앉고

유람선 껴안으니
바다가 품에 들어

푸른 섬
하늘로 닿아
꿈길 따라 오겠네.

삶의 터 흔적도 없이

세상사 부귀영화
일장춘몽이라던가?

곤룡포 황금 비단
빛바래 펄럭이고

화개산 흐르는 물이 그 날 상처 씻고 있다.

일만 여 여인들을
가슴에 품었어도

서른 여 짧은 인생
빛바랜 용상이여

삶의 터 흔적도 없이 표석만이 외롭다.

* 교동도 연산군 유배지에서

교동도 대룡시장

분단의 아픔 안고
거꾸로 흐른 세월

숨도 멎고, 삶도 멎고
영혼도 잠시 멈춰

한적한
시장 골목에
좌판 놓고 외쳐 본다.

제적봉 평화전망대

한강 물 임진강 물
예성강 물로 몸을 씻고

송악산 골바람에 조석으로 옷 여미며

가슴에
이는 그리움
한반도의 하나 됨.

세 강물 하나 되어
산자락 씻어내도

배 한 척 뜰 수 없어 물빛마저 흐리던가

육십 년
서린 한이여
한민족의 아픔이여.

사도

모래가 할퀴고 간 작은 바위 언덕 위에
이름 모를 풀과 나무 과거와 씨름한다
먼 옛날 공룡들 자취 하나 두울 꺼내들고.

켜켜이 쌓인 모래 녹은 열 식은 자취
생생한 발자국 위 생 향한 울부짖음
그 아픔 다시 태어나 전설 속을 헤맨다.

토도 얼굴바위

뭍 향한 동경으로
마을 밖 서성이다

돌아서지 못한 발길 바위에 몸 가리고

갈매기
날갯짓 따라
그리움을 참는 이여.

을지전망대에서

폭포 밑 선녀탕 안 옷 벗은 여인이여
그대 몸 정결해도 내 마음 몹시 아파
당신 속 몹시 상해도 달려갈 수 없다오.

초소 안 수영장에 서 있는 여인이여
S라인 자랑해도 내 눈에 염증 일어
각선미 알 수가 없는 눈 뜬 장님이라오.

800 미터 직선거리 들려오는 귀엣말은
한 핏줄 같은 민족 단군의 자손으로
총부리 왜 겨누는지 알면서도 모른다오.

달리면 오 분 거리 걸으면 십 분 거리
철조망 세워두고 눈 흘긴 육십 오년
이념이 무엇이기에 적이 되어 서있나요.

녹 뻘건 철조망에 누워 자는 민족 염원
산 아래 개울물로 잠 깨워 일으키면
닫혔던 일그러진 입 벌어질 수 있나요.

녹슨 총 내려놓고 두견주 인삼주로
매인 목 씻으면서 아우 먼저 형님 먼저

정담을 나눌 수 있는 그 날 언제 오나요.

* 을지전망대 : 강원도 양구군 해안면 산 능선에 있는 전망대

제 4 땅굴

낮에는 화이부동
밤에는 이념 성취

낮에 한 말 밤의 행동 제 각기 따로 놀며

남침의
야욕 못 잊는
야누스의 얼굴이여.

닳아서 빠진 손톱
눈물로 흔적 닦고

깨어진 두 무릎을 땀으로 적셔내며

동족의
가슴에 박은
지울 수 없는 아픔이여.

펀치 볼(Punch Bowl)

끌어안고 싶은 충동
어쩔 수 없는 욕정

잊으려 애쓸수록
선명히 떠오르다

본능의
굴레 못 벗어
불사르는 영혼아.

바라는 모든 소원
손바닥 위 올려 두고

손바닥 다 닳도록
빌고 또 빌었지만

무심한
하늘 아래엔
총부리만 널렸다.

* 펀치볼 : 강원도 양구군 해안면의 분지

바람개비
김장수 시조집

5부
산을 넘고 강을 건너

보봉호

흐르고 싶은 욕망
둑에 막혀 멈춘 세월

유람선 엔진소리 호수 위 파도 쌓고

내 따라
놀던 물고기
고향 하늘 그립다.

바위 위 쉬던 공작
큰 날개 접다 펴다

찾은 이 호들갑에 두꺼비 왕방울 눈

부르는
노랫가락만
빈 하늘을 맴돈다.

십리화랑 세 자매 봉

첫째 딸 낳은 여인 시모 성화 시달리다
또 다시 낳은 아이 줄줄이 딸이었나
그윽한 눈망울 속에 원망 가득 담겼다.

지나온 슬픈 세월 잊으려 애를 써도
한 맺힌 아들 출산 꿈 되어 하늘 날고
세 자매 간절한 기도 하늘까지 닿았다.

엄니가 못 이룬 꿈 이루면 위안 될까
꿈 이뤄 찾으려니 찾을 곳 멀리 있네
세 자매 한 곳에 모여 옛 세월을 그린다.

무상

바람 돌다 구름 돌다
마음도 따라 돌아

외로움
밀쳐내고
정 가득 남은 자리

쌓였던 허허로움이 구름 되고 바람 되고.

인연의 끈을 묶어
혼으로 엮어내고

머무는
상념들을
떨치기 아쉬워서

자물쇠 굳게 채우고 던져버린 열쇠들.

* 천하제일교에서

미혼대에서

내려 보면 낭떠러지 올려 보면 바위기둥
빈 마음 쉴 곳 없어 푸른 잎 위 올려두니
바람에 흔들리는가 여린 마음 덕인가.

여인네 멋진 다리 가슴에 이는 물결
흔들리는 마음들을 절벽에 걸쳐두고
한번쯤 정신 놓아도 그 누구가 탓하랴!

장가계 대협곡

바위산 둘로 갈라 바람 쉬어 가던 자리
산 짐승 외면한 채 긴 세월 잠들다가
외로워 가슴을 여니 땅과 하늘 닿았다.

협곡 안 데크 계단 바람 따라 방향 틀고
저절로 벌어진 입 다물 틈도 주지 않다
눈앞에 걸어둔 그림 이마 위 땀 닦는다.

계곡을 흐르던 물 어느 새 위로 솟아
비바람 살짝 불러 감로수 되어 날고
찌들은 속세의 애증 산새 되어 같이 난다.

기나긴 세월 돌아 구르다 멈춘 자리
일광욕 하던 이끼 수줍어 눈을 감고
절벽 틈 자란 나무만 찾은 이가 반갑다.

황룡동굴

수만 년 어둠 속을 뚫고 또 다시 뚫고
황룡이 만든 제국 숨소리 거칠던 날
잠에서 깨어난 과거 불을 밝힌 신비여.

드는 문 나오는 문 지하 2층 지상 4층
쉬다가 외로우면 층층이 유람하며
세상 밖 눈을 감고서 득도의 길 찾았었나!

영원한 생명 위해 석순을 키워내고
열망을 억제하려 종유석 늘였던가?
늘어진 동굴 천정엔 주름살만 머문다.

차디 찬 지하 호수 세월 씻고 버티다가
쓸쓸함 달래려고 아기고기 키웠는가
세월이 겁 없이 가도 늘 아기로 남았다.

자향대 향수하 천구전 황토고원
화과산 천선수폭포 석금산 용왕보좌
이름도 향기로워라 물빛마저 푸르다.

맨 위층 너른 광장 종유석 키를 잰다
천 칠백 하늘 뿌리 오늘도 터를 닦고
벌어진 함성 사이로 지난 세월 엮는다.

천구전

세월이 녹인 자리
열기로 다시 녹여

둑 쌓고 터 다듬어
만든 밭 일천여 개

씨 뿌려
가꾸지 않아도
문전옥답 여길세.

정해신침

그리움 한이 되어 쉬지 않고 솟구쳐도
보고픈 이 만나려니 아직도 먼 6만 년
꿈꾸다 등이 휘어도 그리움은 그리움!

귀곡잔도

다람쥐 몸 사리고 바람도 피해간다
운무가 쉬던 자리 귀신도 같이 쉬고
발아래 낭떠러지길 그림처럼 떠오른다.

솟구친 수직절벽 외롭게 지낸 세월
새소리 짐승소리 듣기도 힘들더니
찾는 이 발길 따라서 덩달아서 머문다.

길 따라 붉은 리본 슬픈 영혼 달래는가
바람에 나부끼며 진혼곡 연주하니
절벽에 꿈 묻은 이여 못 다한 꿈 이루시게.

매달린 덩그런 길 바위틈 뿌리박아
허공 위 가지 내린 가녀린 꿈 영글어
오늘도 창공을 걷는 영혼 달래 주는가.

하늘 문

버텨 선 수직 절벽
세월의 간절함에

태고의 침묵 깨고
입었던 옷 벗었다

넘다가
지친 비바람
편히 쉬어 가라고.

구름이 날던 자리
새들도 따라 날고

우주로 향한 꿈도
덩달아 같이 난다

사는 삶
덤이라 치면
꿈 깨어도 꿈인 걸.

* 천문동에서

왓트마이에서

죽어야
하는 이유
남보다 더 배운 삶

뜻 피지 못한 것은 우리만이 아니니

불쌍히
여기지 말고
나를 닮지 말아주오.

살아서
못 이룬 꿈
죽어서 이룬다한들

그 누가 당신 뜻을 이해나 한답디까?

이 시각
유골일망정
편히 지내시구려.

톤레샵 호수에서

메콩강 물줄기가 언덕에 가로막혀
갇힌 물 그 자리에 드러누워 쉬는 자리
피눈물 가득히 고여 사시사철 늘 붉어라.

대물림 가난한 몸 떨칠 수 없는 아픔
타고난 육신으로 호숫가 버텨서도
던지는 투망 안에는 세월 잊은 슬픔들.

쫓기어 머문 자리 너른 호수 수상가옥
짓누른 삶의 무게 피할 수 없는 발길
쪽배에 몸을 싣고서 기다리는 삶이여.

망국의 진한 아픔 가슴에 고인 상처
도려낼 방법 없어 나룻배에 의지하고
한낮의 가득한 열기 온몸으로 식히는가.

쪽배에 몸을 싣고 밀림에 마음 쉬고
사공이 흘린 땀에 밀림은 커만 가고
수로 속 얽힌 뿌리엔 원망, 한숨 잠잔다.

가옥에 매어달린 작은 쪽배 어린 아이
배운 말 오직 하나 1달러 1달러만

줘야나 말아야 하나 갈등 이는 작은 가슴.

보는 것, 보이는 것 늘 그것 뿐이라서
우물 안 개구리로 사는 삶도 행복할까
하늘도 무심하셔라 저 교회는 왜 있나!

운 없는 물고기에 일희일비 하는 사람
던지는 1달러에 하루가 기쁜 사람
봉이 된 관광객 덕에 타국여도 정든 사람.

슬픔 반 원망 반이 모여 있는 호수 수면
배고픈 하얀 철새 목 내어 먹이 찾고
긴 해는 오늘 하루도 쉬어갈 줄 모른다.

프놈바켕

밀림이 울고 있다
무너진 사원에서

세월도 떠나가고
주인도 떠나가고

흔적도
머뭇거리다 눈만 껌벅거린다.

흩어진 천년 세월
되돌릴 날 기다리며

뒹굴다 지친 날들
다시 올 날 그립다고

오늘도
손짓을 한다 그리움이 멍들도록.

앙코르 톰 유적군에서

군왕이
해야 할 일
백성의 안위 살핌

망각의 세월들이
겹겹으로 쌓인 채

세상을
열어제낀다 옛 과거로 되돌린다.

돌인가
모래인가
여린 손 손끝에서

구어 낸 흔적들이
차곡차곡 춤을 추고

엉켜진
현재와 과거 햇볕 아래 섞인다.

통곡의 방에서

출생의
비밀들을
가슴에 묻은 세월

통곡을 한다한들 돌릴 수 없는 과거

꿈속에
임을 그려도
원망만이 이는 날들.

그 원망
하늘 닿아도
잊을 수 없는 슬픔

원통해 가슴을 치니 아들 따라 하늘 울고

모두가
같이 울어도
세상살이 늘 빈 가슴.

앙코르 왓 사원

군왕을 위한 걸까 백성을 위한 걸까
피 흘린 이만 오천 숨소리 가득한데
그 날의 부귀영화는 눈물짓고 있어라.

석벽에 새겨놓은 군신의 엄한 규율
인륜과 천륜들이 뒤엉켜 줄을 서고
천국을 향한 욕망들 하늘 위를 날아라.

무너져 다시 쌓은 그 날의 피땀 흔적
구은 흙 다진 모래 눈물로 엉켜 안고
이 빠진 라테라이트 부귀영화 그리워라.

군주의 믿음 따라 주인도 따라 바뀌어
힌두교 소승불교 손잡고 화답하니
진정한 마음의 평화 가슴속에 있어라.

자존심

옆 사람 눈치보다
하나가 구입하니

나 하나 너도 하나 자존심 부활한다

돌아가 가슴 아파도
나중 일은 나중 일.

* 라텍스 매장에서

바람개비

김장수 시조집

바람개비
김장수 시조집

발 행 일	2022년 12월 20일
지 은 이	김장수
발 행 인	李憲錫
발 행 처	오늘의문학사
출판등록	제55호(1993년 6월 23일)
주　　소	대전광역시 동구 대전로 867번길 52(삼성동 한밭오피스텔 401호)
전화번호	(042)624-2980
팩시밀리	(042)628-2983
카　 페	http://cafe.daum.net/gljang (문학사랑 글짱들)
	cafe.daum.net/art-i-ma(월간 충청예술문화)
전자우편	hs2980@daum.net
공 급 처	한국출판협동조합
주문전화	(02)716-5616
팩시밀리	(02)716-2999

ISBN 979-11-6493-244-3
값 10,000원

ⓒ김장수 2022

* 이 책의 판권은 저작권자와 오늘의문학사에 있습니다.
* 이 책은 ㈜교보문고에서 E-Book(전자책)으로 제작·판매합니다.
* 잘못 만들어진 책은 구입하신 서점에서 교환해 드립니다.